Jörg Lonthoff / J. C. F. de Sousa Pereira

Rechtsgemäße Gestaltung einer Internet-Homepage

Stand 2000

GRIN Verlag

Bibliografische Information der Deutschen Nationalbibliothek:

Die Deutsche Bibliothek verzeichnet diese Publikation in der Deutschen National-
bibliografie; detaillierte bibliografische Daten sind im Internet über http://dnb.d-
nb.de/ abrufbar.

Impressum:

Copyright © 2000 GRIN Verlag GmbH
Druck und Bindung: Books on Demand GmbH, Norderstedt Germany
ISBN: 978-3-638-64050-3

Dieses Buch bei GRIN:

http://www.grin.com/de/e-book/8510/rechtsgemaesse-gestaltung-einer-internet-
homepage

Technische Universität Darmstadt

Fachbereich 1: Rechts- und Wirtschaftswissenschaften

Fachgebiet Öffentliches Recht

Informations- und datenschutzrechtliches Seminar im SS 2000:

Thema 1:

Rechtsgemäße Gestaltung einer Internet Homepage

vorgelegt von:

Julio Carlos Figueiredo de Sousa Pereira

Jörg Lonthoff

Darmstadt, den 28.06.2000

ABSTRACT

Diese Seminararbeit ist im Rahmen des informations- und datenschutzrechtlichen Seminars im Sommersemester 2000 entstanden. Zuerst wird die Internet Homepage in einen rechtlichen Rahmen eingeordnet und die Frage untersucht, ob sie ein Teledienst oder Mediendienst darstellt. In Kapitel 2 wird dann auf eine Vielzahl von Aspekten eingegangen, bei denen Schwierigkeiten der rechtsgemäßen Gestaltung auf Seiten der verschiedenen Anbieter auftreten können. Weiterhin werden Möglichkeiten aufgezeigt, diese Probleme zu vermeiden. Auf die datenschutzrelevanten Bereiche und Regelungen wird in Kapitel 3 eingegangen. Tiefergehende Beleuchtungen der datenschutzrechlich relevanten Aspekte finden sich in weiteren Seminarausarbeitungen, die im Rahmen dieses Seminars entstanden.

Kapitel 4 gibt einen Ausblick auf die zu erwartenden Änderungen des Gesetzgebers, sowie ein Fazit.

Insgesamt soll diese Ausarbeitung dazu dienen, das Rechtsbewußtsein im Internet-Umfeld wesentlich zu steigern.

I   Inhaltsverzeichnis

II   Abbildungsverzeichnis

1   Die Internet Homepage rechtlich eingeordnet

1.1   Ausgangssituation

Immer mehr Firmen erkennen die strategische Bedeutung des Internets. Somit kommt auch zunehmend der Bedarf an Repräsentation des Unternehmens in diesem internationalen Netz auf. Leider fassen heutzutage noch viele das Internet als rechtsfreien Raum auf, dies resultiert aus dem Mangel an Kenntnis über geltende Gesetze. Durch das geringe Rechtsbewußtsein sind Gesetzesverstöße, meist unbewußt vollzogen, an der Tagesordnung.

Widersprüchliche Gerichtsurteile, die oftmals durch Fehleinschätzung der Sachlage resultieren, bestärken hierbei noch eine gewisse Rechtsunsicherheit. Als Beispiel dazu dient das umstrittene Felix-Somm-Urteil vom Mai 1998 des Münchener Amtsgerichts.[1] In diesem Fall wurde der Geschäftsführer des Online-Dienstes CompuServe in der Rolle des Zugangsvermittlers zu Internetdiensten als Mittäter zur Verbreitung von Kinder- und Tierpornographie zu zwei Jahren Gefängnis, bzw. gegen Zahlung von 100.000,- DM an gemeinnützige Einrichtungen auf Bewährung verurteilt. Das überraschende Urteil, sowohl Verteidiger als auch die Staatsanwaltschaft hatten auf Freispruch plädiert, wurde heiß diskutiert und als Fehlurteil gewertet, da der Richter §5 TDG falsch interpretiert habe.[2] In der Berufungsverhandlung vor dem Münchener Landgericht wurde Felix Somm schließlich freigesprochen.[3] Eine solche Rechtspraxis schürt Rechtsunsicherheit, die einige Provider dazu veranlaßt haben Ihren Firmensitz und ihre Server in das Ausland zu verlagern.[4]

Der technische Fortschritt erfolgt in einem so rasanten Tempo, daß der Gesetzgeber Mühe hat, mit rechtlichen Vorschriften mithalten zu können. So gab es erst spät ein Gesetz zum E-Commerce, das Fernabgabegesetz, das erst am 30. Juni 2000 in Kraft getreten ist.

---

[1] Vgl. Schulzki-Haddoutti/Kossel, 1998

[2] Vgl. Kaufmann 1998

[3] Vgl. Gerber 1999

[4] Vgl. Kossel 1998

1.2   Internet: Teledienst oder Mediendienst?

Auch wenn das Internet an sich eine neue Technologie darstellt, greifen unabhängig von diesen Neuerungen „alte" Gesetze für den zivil- wie strafrechtlichen Bereich. So gelten für moderne Technologien, wie z. B. E-Commerce, das „alte" AGB-Gesetz (siehe 2.10), und wer verbotene Inhalte (siehe 2.3) bereitstellt, wird strafrechtliche Konsequenzen zu tragen haben. Des weiteren gelten für jeden Online-Dienst und jeden Provider – bis hin zum Systemoperator der kleinsten Mailbox – in der Bundesrepublik drei große relative neue Gesetze: das Telekommunikationsgesetz (TKG), das Informations- und Kommunikationsdienste-Gesetz (IuKDG, auch ‚Multimediagesetz' genannt) und der Mediendienstestaatsvertrag (MDStV).[5]
Aber was sind eigentlich Teledienste bzw. Mediendienste?

Definition 1: Teledienste nach TDG

Teledienste sind nach §2 Abs. 1 TDG definiert als elektronische Informations- und Kommunikationsdienste, die für eine individuelle Nutzung von kombinierbaren Daten, wie Zeichen, Bilder oder Töne bestimmt sind und denen eine Übermittlung mittels Telekommunikation zugrunde liegt (Teledienste).
Der Schwerpunkt hierbei liegt auf dem Aspekt der individuellen Nutzung. Typische Teledienste sind Online-Shopping, personalisierte Webportale, News-Gruppen und Chat-Räume.
Das IuKDG, welches das TDG beinhaltet, fällt in die Kompetenz des Bundes.

Definition 2: Mediendieste nach MDStV

Mediendienste sind nach §2 Abs. 1 MDStV definiert als Angebot und Nutzung von an die Allgemeinheit gerichteten Informations- und Kommunikationsdiensten (Mediendiensten) in Text, Ton oder Bild, die unter Benutzung von elektromagnetischer Schwingungen ohne Verbindungsleitung oder längs oder mittels eines Leiters verbreitet werden.
Der Schwerpunkt hierbei liegt auf dem Aspekt des an die Allgemeinheit gerichtet seins. Typische Mediendienste sind Internet-Fernsehen, elektronische Zeitungsangebote und Online-Magazine.
Der MDStV fällt in die Kompetenz der Länder.

---

[5] Vgl. Hooffacker 1998

Aus den Definitionen von Teledienst und Mediendienst ergibt sich die Frage: In welchen Geltungsbereich fällt nun die Internet Homepage?
Eine trennscharfe Einordnung der Internet Homepage ist so ohne weiteres nicht möglich. Erst der angebotene Dienst, der durch eine Internet Homepage angeboten wird, kann darüber Klarheit schaffen. Grund für die Existenz dieser zwei Gesetze sind die nicht eindeutig voneinander zu differenzierenden Gesetzgebungskompetenzen von Bund und Ländern, hier Telekommunikation und Wirtschaft, dort Rundfunk und Presse. Ein Blick in die Regelbeispiele der §2 des TDG und MDStV schafft Anhaltspunkte der Einordnung.[6]
Eine Abgrenzung ist im Einzelfall besonders wichtig für Unternehmen, die wissen müssen, ob sie Teledienste oder Mediendienste oder vielleicht sogar beides anbieten. Was ist die private Homepage im WWW? Was ist die Homepage des Unternehmens? Wo ist ein Online-Dienst wie z. B. T-Online, AOL oder CompuServe einzuordnen? Wo ist moderne Verbraucherkommunikation einzuordnen, die statt klassischer Produktwerbung ein interaktiv nutzbares Angebot an Information und Kommunikation bietet, die weit über die reine Produktinformation hinausgeht?
In den zahlreichen Gesprächen zwischen Bund und Ländern ist eine für alle denkbaren Einzelfälle passende Zuordnung nicht möglich gewesen. Sie ist nach Auffassung von Engel-Flechsig auch nicht erstrebenswert. Dies liegt zum einen an der dynamischen Entwicklung von Multimedia, die täglich neue Formen der elektronischen Nutzung bietet; dies liegt aber auch in der Unschärfe der bisherigen Begrifflichkeit, die den besonderen Eigenschaften und den erweiterten Formen der Individualkommunikation nicht gerecht wird. Angesichts der technischen und wirtschaftlichen Entwicklung hätte eine konkrete und abschließende Aufteilung einzelner Dienste sich für eine freie Entfaltung der elektronischen Informations- und Kommunikationsdienste daher eher hemmend ausgewirkt. Auf der Grundlage der zum jeweiligen Anwendungsbereich des TDG und des MDStV gefundenen Lösung wird in der Regel eine eindeutige Zuordnung möglich sein. Dabei ist zu beachten, daß der einzelne Informations- und Kommunikationsdienst betrachtet wird, und daß es sich entweder nur um einen Teledienst oder um einen Mediendienst handeln kann, eine Kumulation also ausgeschlossen ist.[7]
In jüngster Zeit kristallisiert sich eine Einteilung nach folgenden Merkmalen heraus:
Die Internet Homepage wird dem Teledienst zugeordnet, es sei denn daß über diese Internet Homepage Rundfunk, Fernsehen oder journalistisch redaktionelle Angebote wiedergegeben werden, die vollständig oder teilweise Inhalte periodischer Druckerzeugnisse in Text und Bild beinhalten bzw. die Texte in periodischer Folge

---

[6] Vgl. Bizer 1998
[7] Vgl. Engel-Flechsig/Maennel/Tettenborn, o.D.

verbreiten, dann wird das Angebot dem Mediendienst zugeordnet.[8] Hierbei handelt es sich kurz gesagt um Angebote, die zur Meinungsbildung beitragen wollen.

Ein weiteres Beispiel für die Schwierigkeit der Trennung von Mediendienst und Teledienst sind Newsgruppen. Während Newsgruppen generell als Teledienst angesehen werden, gelten Newsgruppen, die über Satellit übertragen werden, als Mediendienst[9].

Eine Gegenüberstellung des Aufbaus des TDG bzw. MDStV zeigt Abbildung 1-1.

Geltungsbereich	§2 Abs. 1 MDStV §2 Abs. 1 TDG
Anbieterkennzeichnung	§6 MDStV §6 TDG
Verantwortlichkeit	§5 MDStV §5 TDG
Inhalte, Verbotenes, Werbung	§§ 7, 8, 9 MDStV
Recht auf Gegendarstellung	§10 MDStV

Abbildung 1-1: Übersicht über die wichtigsten Inhalte des TDG bzw. MDStV

1.3 Datenschutzrechtliche Bestimmungen

Um in den Anwendungsbereich von Datenschutzgesetzen zu gelangen, hat man zu prüfen, ob personenbezogene Daten vorliegen. Der Begriff des personenbezogenen Datums ist in §3 Abs. 1 BDSG wie folgt definiert: „Personenbezogene Daten sind Einzelangaben über persönliche oder sachliche Verhältnisse einer bestimmten oder bestimmbaren natürlichen Person (Betroffener)."

Es geht also nicht nur um Angaben, wie Name, Geburtsdatum und Adresse, sondern auch um Angaben, die auf eine eindeutig bestimmbare Person rückführbar sind.

Liegen personenbezogene Daten vor, dann gilt es zu prüfen, ob eine Einwilligung (siehe Abschnitt 3.3) des Betroffenen vorzuliegen hat oder ob es eine Zweckbefugnisnorm gibt, d. h. eine Anordnung oder ein Gesetz, daß eine Einwilligung nicht erforderlich macht.

---

[8] Vgl. König 1998a

[9] Vgl. Hooffacker 1998

Aus datenschutzrechtlicher Sicht ergibt sich eine Schichteneinteilung der Gesetze, wie in Abbildung 1-2 dargestellt.

Inhaltsebene	Bundesdatenschutzgesetz (BDSG)
	Landesdatenschutzgesetze (LDSG)
Diensteebene	Informations- und Kommunikationsdienste-Gesetz (IuKDG)
	Mediendienstestaatsvertrag (MdStV)
Transportebene	Telekommunikationsgesetz (TKG)

Abbildung 1-2: Schichtenmodell des Datenschutzes

1.4 Geltungsbereich - Zuständigkeiten

Die deutschen Gesetze und somit das deutsche Recht besitzen nur in Deutschland Gültigkeit. Im Bereich des Internets findet deutsches Recht Anwendung bei Angeboten, die aus Deutschland erreichbar sind und besonders bei Angeboten die an Deutsche bzw. an in Deutschland lebende gerichtet sind.

Zuständig für Internetdelikte sind im weitesten Sinne alle deutschen Gerichte. So fühlte sich z. B. das Landgericht München bei einem Streitfall bezüglich Schmähkritik im Internet für örtlich zuständig, da aufgrund der weltweiten Verbreitung im Internet auch München Tatort der Handlung sei.[10]

---

[10] Vgl. **König/Möcke 1997**

2   Aspekte rechtsgemäßer Gestaltung einer Internet Homepage

2.1   Vorbetrachtung

Die Problematik, der Anbieter von Internetangeboten ausgesetzt sind, soll an Hand eines realitätsnahen Beispiels erläutert werden:

Der Benutzer Hansi Müller wählt sich über das Leitungsnetz der Telekom AG via Modem in den Online-Dienst AOL ein. Über seinen Internetbrowser ruft er eine Adresse in den USA ab. Die Internetleitung, womit die Daten über den Atlantik übertragen werden, wird von der Firma UUNet betrieben. Der Server auf dem die Seite steht gehört der Firma CompuServe. Der Inhalt der Seite wurde von einem Herrn Henry Miller gestaltet.

Es stellt sich nun die Frage: Wer ist hier der Anbieter und wer ist dafür Verantwortlich zu machen? Diese Frage wollen wir in den folgenden Abschnitten klären.

2.2   Anbieterkennzeichnung

Sowohl das TDG als auch der MDStV fordern in §6 eine Anbieterkennzeichnung. Damit müssen Diensteanbieter für ihre geschäftsmäßigen Angebote Namen und Anschrift, sowie bei Personenvereinigungen und –gruppen zusätzlich Namen und Anschrift des Vertretungsberechtigten, auf ihrem Angebot angeben. Für den Inhalteanbieter hat sich der Name „Content Provider" und für den Zugangsvermittler der Name „Access Provider" eingebürgert. Bei dem Content Provider kann man noch einmal zwischen dem Serverbetreiber und dem Inhaltegestalter, welche im Normalfall unterschiedliche Personen bzw. Firmen sind, unterscheiden. Daher sollte jeder dieser drei Anbieter mit Name und Adresse entsprechend angegeben werden. Handelt es sich bei dem Angebot um einen Mediendienst, muß zusätzlich diejenige Person angeben werden, die für den Inhalt verantwortlich ist. Diese Kennzeichnung kann z. B. in Form eines Impressums erfolgen, daß idealerweise von jeder Seite aus erreichbar ist. Ein Firmenlogo als Anbieterkennzeichnung ist nicht ausreichend. Laut einer Untersuchung der Verbraucherverbände (AgV) von 1998 halten sich sehr wenige Betreiber an dieses Gesetz.[11] Das ist im Bereich der Teledienste auch verständlich, da das TDG keine Sanktionen für diesen Rechtsverstoß vorsieht. Im Gegensatz dazu enthält der MDStV

---

[11] Vgl. Schulzki-Haddouti, 1999

einen Bußgeldkatalog, der für eine solche Ordnungswidrigkeit eine Geldbuße in Höhe von bis zu 500.000,- DM vorsieht. Es ist aber zu erwarten, daß durch die kommende EU-Richtlinie auch im TDG Sanktionen eingeführt werden.

2.3 Inhalte

Darf ich auf einer Webseite alles schreiben, was ich gerade will? Viele stellen sich diese Frage erst gar nicht, schreiben drauf los und veröffentlichen ihre Webseite. Hat derjenige die Grenze des guten Geschmacks übertreten, hat das meist rechtliche Konsequenzen.

So dachte ein verärgerter Kunde eines Online-Bestelldienstes, er könne seinem Herzen auf seiner Webseite Luft machen, indem er sich teilweise in der Fäkaliensprache über den Online-Versender ausliess. Diese Form der Selbstjustiz führte zu der Androhung einer hohen Ordnungsstrafe mit Begründung der Rufschädigung. Ein bloßer Erfahrungsbericht, dessen Tatsachen vor Gericht beweisbar sein müssen, ist im Streitfall unkritisch. Verbale Ausrutscher werden im allgemeinen nicht mehr geduldet, hier liegt die Grenze des Rechts auf freier Meinungsäußerung. Da die Beurteilung sprachlicher Ausdrücke nicht objektiv bewertbar ist, was für den einen noch harmlos ist, kann für einen anderen schon eine böswillige Schmähkritik darstellen, sei angesichts der Rechtssprechung ein vorsichtiger Umgang mit der Ausdrucksweise empfohlen.[12]

Folgende Inhalte sind streng gesetztlich geregelt und führen bei Nichtbeachtung zu Sanktionen:[13]

- Verbreitung von rassistischen oder nationalsozialistischen Äußerungen kann nach §130 StGB mit Freiheitsstrafen von bis zu fünf Jahren geahndet werden.
- Verbreitung von ehrverletzenden Äußerungen kann nach den §§ 185 bis 189 StGB mit Freiheitsstrafen von bis zu zwei Jahren geahndet werden.
- Verstöße gegen das Urheberrecht können nach §106 UrhG mit einer Freiheitsstrafe von bis zu drei Jahren, bei gewerblicher Verbreitung sogar mit bis zu fünf Jahren geahndet werden. Auf das Urheberrecht wird in Abschnitt 2.7 genauer eingegangen.
- Verbreitung von pornographischen Schriften nach §184 StGB kann mit Freiheitsstrafen von bis zu fünf Jahren geahndet werden. Dies gilt nur für den Fall, daß es an Jugendliche verbreitet wird. Selbst sogenannte harte Pornographie, Darstellung von Perversionen, darf an Erwachsene weitergegeben werden, solange dies nicht öffentlich geschieht.[14] Jede Darstellung sexuellen Mißbrauchs von

---

[12] Vgl. Hilgefort 1999
[13] Vgl. Wuermeling 1996
[14] Vgl. Strömer 1998

Kindern, selbst als Fotomontage, ist verboten und wird aus gutem Grunde hart bestraft. Da der Besitz verboten ist, darf man sich solche Bilder nicht einmal aus dem Netz herunter laden. Für Mediendiensteanbieter ist Pornographie durch §8 Abs. 1 MDStV generell untersagt. Wer pornographische Inhalte gewerbsmäßig anbieten will, muß sicherstellen, daß keine Jugendlichen auf diese Inhalte zugreifen können. Wie das machbar ist, führt hier zu weit. Nur so viel: die Abfrage des Alters oder die Abfrage einer Kontoverbindung ohne Überprüfung der Richtigkeit der Angaben ist für die Jugendschützer nicht ausreichend. Schon das „Ankündigen" und „Anpreisen" von solchen Inhalten ist verboten. Man darf darauf hinweisen, daß der Inhalt der Webseite nur für Erwachsene bestimmt ist, aber nicht erwähnen, daß es sich dabei um Pornographie handelt.

- Verbreitung von jugendgefährdenden Schriften ist nach dem GjS auch ein Straftatbestand. Hier ist ähnlich zu verfahren wie bei den pornographischen Schriften.

- Verletzung der Persönlichkeitsrechte durch z. B. Datenschutzverstöße werden nach §43 BDSG mit einer Freiheitsstrafe von bis zu zwei Jahren geahndet, ferner gelten noch die Regelungen des TDDSG und die datenschutzrechtlichen Bestimmungen des MDStV. Für bestimmte Berufsgruppen wie Anwälte und Ärzte sieht §203 StGB bei Verstößen Freiheitsstrafen vor.

2.4 Links

Links, d.h. Querverweise zwischen einzelnen Seiten über Server- und Ländergrenzen hinweg, sind der eigentliche Erfolgsfaktor des Internets. Doch genau diese Links können einem Anbieter sehr viel Ärger bereiten. Prominentes Beispiel ist die ehemalige stellvertretende PDS-Vorsitzende Angela Marquart, die auf Ihrer Homepage einen Link auf die Startseite der Untergrundzeitschrift Radikal unter dem Rosa-Luxemburg-Zitat „Freiheit ist immer die Freiheit der Andersdenkenden" setzte.[15] Radikal hatte auf ihren Seiten u. a. Anleitungen zur Sabotage von Bahntransporten auf ihren Seiten veröffentlicht. Daraufhin ermittelte die Bundesanwaltschaft gegen Angela Marquart unter anderem wegen Anleitung zu Straftaten und erhob schließlich Anklage. Sie wurde freigesprochen weil nicht zu beweisen war, daß sie beim Setzen des Links von den Inhalten wußte und damit ein Beihilfevorsatz nicht belegbar war.[16] Die Frage nach der Verantwortung für verlinkte Inhalte wurde nicht abschließend geklärt.

Die aktuelle Rechtsprechung läßt die Frage nach der Verantwortlichkeit für die verwiesenen Inhalte immer noch offen. Aus diesem Grund kann man keine sichere

---

[15] Vgl. Heinson, Möcke 1996

[16] Vgl. Jaeger 1998

Empfehlung für die Gestaltung von Links geben. Laut dem Münchner Rechtsanwalt Günther Freiherr von Gravenreuth werden unkommentierte Links geduldet, während kommentierte Links zu einer Verantwortlichkeit für die verwiesenen Inhalte führen.[17] Hier ist die Gesetzesauslegung nicht eindeutig, denn nach einem Urteil des Landgerichtes Hamburg genügt eine Distanzierung von den verwiesenen Inhalten für die Nichtverantwortlichkeit. Letztere ist keine höchstrichterliche Entscheidung, sie gilt daher nicht unbedingt in Hessen und die Verantwortlichkeit bleibt weiterhin Grauzone.

Dennoch kann man sich weitgehend absichern, in dem man die Grundideen des Gesetzgebers „Transparenz" und „bewußte Handlung" technisch verwirklicht.

So kann man sich vorstellen einen Link, der auf eine Seite außerhalb des eigenen Verantwortungsbereichs verweist, als „externen" Link zu kennzeichnen. Um diese Handlung noch bewußter zu machen könnte man beim Betätigen eines „externen" Links erst ein Fenster erscheinen lassen, in dem ein Hinweis erfolgt, daß der gewünschte Link auf eine fremde Seite verweist und in diesem Fenster noch einmal die Auswahl hat, den Link weiter zu verfolgen oder zurückzukehren.

Letzterer Vorschlag würde wohl dazu führen, daß ein typischer Internet-Benutzer nur noch mit dem Klicken auf Bestätigungsfenster beschäftigt ist, was den vernünftigen Umgang mit diesem Medium in unzumutbarer Weise beeinträchtigt.

Obwohl die Problematik schon seit Jahren bekannt ist, scheuen sich die Gerichte vor einer endgültigen Klarstellung.[18]

2.5 Frametechniken

Frames sind eine von Webdesignern gern benutzte Technik, mit deren Hilfe ein Browserfenster in verschiedene kontrollierbare Bereiche aufgeteilt werden kann. Somit ist es möglich, Inhalte von verschiedenen Anbietern auf einer Seite zu kombinieren.

Um die Frage der Verantwortlichkeit zu klären hat das Landgericht Lübeck unterschieden, ob der Linkende sich die fremde Site ‚geistig zu Eigen' macht oder nicht. Überall dort, wo ein Anbieter sich fremde Seiten geistig zu Eigen macht, ist er nach § 5 TDG Absatz 1 voll dafür verantwortbar.

Im Unterschied zu einem einfachen Link, bei dem der Internet Benutzer von der Homepage des Linkenden auf die gelinkte Seite entlassen wird, behält der Frame-Link den Benutzer unter Kontrolle. Durch das Einbinden der fremden Seite in die eigene Homepage wird auch der Eindruck erweckt, dass man den Inhalt dieser Seite als Teil seines Informationsangebots versteht. Dies mag auf einer Täuschungsabsicht beruhen, auf dem Bestreben, sich mit fremden Federn zu schmücken oder nur dem Verlangen,

---

[17] Vgl. Hooffacker 1998
[18] Vgl. Kaufmann 1999a

ein umfassendes und abgerundetes Informationsangebot bereitzustellen. Wenn der Link auf eine fremde Seite nicht als Querverweis, sondern als eine notwendige Vervollständigung der auf den eigenen Seiten angebotenen Informationen verwendet wird, ohne dessen Einbettung dieses Internet-Angebot seinen Zweck nicht verfolgen könnte, so macht sich der Anbieter diese fremde Seite zum Bestandteil seines eigenen Angebots. Bei Verwendung von sogenannten Inline-Links, bei denen durch Anklicken des Links die fremde Seite unter der eigenen Domain angezeigt wird, entsteht der Eindruck einer inhaltlichen oder sogar einer unternehmerischen Verbundenheit beider Inhalteanbieter. In jedem Fall genügt allein schon der objektive Eindruck, um den Surfer zu der Erkenntnis gelangen zu lassen, daß der Linkende hier voll hinter der Frame-gelinkten Seite und deren Inhalt steht.[19]

2.6 Werbung

Der Internet Werbemarkt boomt und die attraktive Gestaltung von Internetseiten kostet viel Zeit und damit Geld. So liegt es nahe, den Aufwand für die Gestaltung und Bereitstellung eigener Webseiten durch Werbung zu finanzieren. Für Werbung im Internet kann man sich an der Gesetzeslage und Rechtsprechung für den Printbereich orientieren[20]. Der wichtigste Grundsatz ist: Werbung muß der Wahrheit entsprechen. Im Falle vergleichender Werbung ist immer noch Vorsicht angeraten, da hier noch wenig Urteile vorliegen. Sie ist aber nach EU-Richtlinie 97/55/EG, die durch ein Grundsatzurteil des BGH vom 5. Februar 1998 sofort in nationales Recht umzusetzen ist, erlaubt.

Wenn der Werbetreibende nicht ermittelbar ist, so haftet nach aktueller Rechtsprechung der Seitenbetreiber oder der Admin-C, welcher in der DENIC Datenbank als Verwalter der Domain eingetragen ist, für die Werbung. Letzteres betrifft die Provider, die im Auftrag ihrer Kunden die Seiten eintragen ließen (siehe dazu auch 2.13). Diese können sich davor schützen, in dem sie Haftungsfreistellungsklauseln in ihren AGBs vorsehen.

Aus den genannten Gründen ist von fremdwerbefinanzierten Internetauftritten abzuraten, da man keinen direkten Einfluß auf die Werbebanner nehmen kann und trotzdem unter Umständen dafür belangt werden kann.[21] Wenn schon Werbung sein muß, sollte man sich vom Werbenden vertraglich zusichern lassen, daß die verwendeten Banner den deutschen Gesetzen entsprechen um im Streitfall Regreß fordern zu können.

---

[19] Vgl. **König 2000b**

[20] Vgl. **Brenken, Hüskes 1998**

[21] Vgl. **Haftung für fremde Werbe-Banner, Urteil des OLG München in: Kommunikation und Recht, 8/98, S.362 in Kaufmann 1999b**

Für redaktionell gestaltete Inhalte (siehe 2.12) und bestimmte Berufsgruppen (siehe 2.11) gelten zusätzliche Regelungen, die man unbedingt beachten sollte.

2.7 Urheberschutz

Wie im Abschnitt 1.4 bereits erwähnt, findet das deutsche Recht auch im Internet Anwendung, so auch das Urheberrecht. Damit sollte jedem klar sein, daß derjenige, der Programme und Inhalte, ohne Zustimmung des Urhebers, zum Herunterladen anbietet, unter Umständen zivil- und strafrechtlich, nach §106 UrhG, belangt werden kann. Auf der anderen Seite sind selbst erstellte Programme, die man auf seinen Seiten anbietet automatisch urheberrechtlich ohne Copyrightkennzeichnung geschützt[22]. Ein Sonderfall ist das Layout der Seite, dort greift das UrhG nicht.[23]

Eine Urheberschutzverletzung kommt nur durch eine körperliche Kopie zustande. Die Bildschirmanzeige an sich ist nicht körperlich, weil der dahinterliegende HTML-Code die Ausgabe bewirkt. Zwar kann man eine HTML-Seite als Programm interpretieren, somit würde §69a (1) und (2) S.1 UrhG für „alle Ausdrucksformen" eines Computerprogrammes in „jeder Gestalt" zutreffen, allerdings wird hier nur die ganze oder teilweise Übernahme des Quellcodes geschützt. Das bedeutet, wenn das gleiche Ergebnis durch unterschiedlichen HTML-Code entstanden ist, greift nicht das UrhG. Eine Navigationsleiste z. B. kann sowohl mit Javascript, als auch mit einem Java-Applet das gleiche visuelle Ergebis haben, obwohl hier völlig unterschiedliche Codes vorliegen.

Hilfetexte wiederum sind geschützt, sofern sie individuell genug sind. In diesem Fall handelt es sich dann um „Sprachwerke", die nach dem UrhG geschützt sind.

Als Gewerbetreibender, der das eigene Layout von einem Konkurrenten übernommen hat, muß man damit rechnen, daß sich der Konkurrent gegen diese unmittelbare Leistungsübernahme im Rahmen eines Wettbewerbsverhältnisses mit Hilfe des Wettbewerbsrechts wehrt. Nach §1 UWG stellt diese unmittelbare Leistungsübernahme eine Sittenwidrigkeit dar.[24] Im Fall einer Anlehnung, d.h. der Konkurrent hat sich durch das Layout inspirieren lassen, müssen schon besondere unlautere Momente hinzukommen, z.B. dadurch daß eine Verwechslungsgefahr besteht, oder der Eindruck erweckt wird, die Unternehmen gehören zusammen. Wann letzteres eintrifft und wann nicht ist fließend und läßt sich nur im Einzelfall subjektiv entscheiden.

---

[22] Vgl. Urteil LG Paderborn mit Az 6 O 142/97 in Brenken, Hüsken 1998

[23] Vgl. König 1997b

[24] Vgl. König 1990

2.8 Domainnamen

Der Einstieg in die eigene Webseite beginnt für gewöhnlich mit der Eingabe der Adresse in den Browser. Diese Adresse, die sog. URL, hat für gewöhnlich die Form www.domainname.de. Durch die günstigen Angebote vieler Provider ist es auch für Privatpersonen und kleine Betriebe möglich, einen eigenen Domain-Namen zu beantragen. Die vergebende zentrale Stelle in Deutschland DENIC überprüft bei der Eintragung nicht ob fremde Rechte, wie z.B. Namens-, Marken- Urheber- oder sonstige Schutzrechte verletzt werden. Dies ist laut Geschäftbedingungen des DENIC Aufgabe des Antragsstellers.

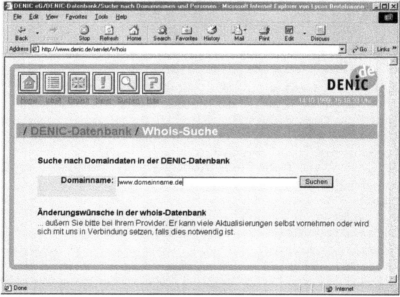

Abbildung 2-1: DENIC Abfrage für registrierte Domains unter www.denic.de

Schon die Anmeldung eines Domain-Namen kann Ärger in Form von Abmahnungen oder einstweiligen Verfügungen bringen, ohne daß man dahinter auch nur eine einzige Seite zum Abrufen bereithält. Das gilt sowohl für Gewerbetreibende als auch für Privatpersonen, die sich durch die Anmeldung aus der Privatsphäre heraustreten und sich in den geschäftlichen Wettbewerb begeben.

Bis Ende 1996 wurde von den Gerichten dem Domainnamen keine Namensfunktion zugesprochen.[25] Der Domainname wurde mit einer Telefonnummer oder einer Postleitzahl verglichen. In späteren Urteilen hat der Domainname mehr Gewicht gewonnen und kann mit Zeichenrechten nach dem Markengesetz[26] und Namensrechten[27] nach §12 BGB kollidieren. Daraus ergibt sich die Notwendigkeit vor der Anmeldung eine mitunter teure Recherche durchzuführen, da die möglichen Nachteile einer Rechtsverletzung weitaus höher sein können.

Diese Recherche, die auch als Dienstleistung angeboten wird, beinhaltet:

- Überprüfung ob die gewünschte Domain bei DENIC frei ist (siehe Abbildung 2-1)
- Überprüfung mit Hilfe gängiger Internet-Suchmaschinen, ob Wettbewerber diese Bezeichnung nutzen
- Recherche nach identischen oder ähnlichen Geschäftbezeichnungen in Gelben Seiten und Telefonbüchern
- Recherche nach identischen oder ähnlichen bundesweit im Handelsregister eingetragenen Firmen
- Recherche nach identischen oder ähnlichen im Deutschen Patent- und Markenamt eingetragenen Marken in allen Klassen

Sollten hier ähnliche Begriffe gefunden werden ist zusätzlich noch die Einschaltung eines Patentanwaltes notwendig. Die Kosten für dieses Vorgehen belaufen sich auf ca. 4.000 DM plus 500-1.500 DM für den Patentanwalt. Eine mögliche Rechtsverletzung kann schnell auf über 10.000 DM eskalieren.

Dieses genannte Vorgehen liefert aber keine 100% Sicherheit, da es auch nicht recherchierbare Rechte gibt. Dazu gehören geschäftliche Bezeichnungen nach §5 Abs. 2 MarkenG. Kollisionen zwischen geschäftlichen Bezeichnungen und Domainnamen können nach §16 UWG auch branchenübergreifend auftreten. Dadurch bleibt selbst bei größter Sorgfalt noch ein rechtliches Restrisiko vorhanden.

Für allgemein beschreibende Begriffe existiert ein Freihaltebedürfnis. So wird sich der Bundesgerichtshof (BHG) dem Streit zweier Mitwohnzentralen um die Domainbezeichnung ‚mitwohnzentrale.de' zur Revision annehmen. Der zuständige 1. Zivilsenat wird sich jedoch frühestens im kommenden Jahr mit dem Fall befassen (Az.: I ZR 216/99). In der zweiten Instanz hatte das Hanseatische Oberlandesgericht Hamburg ein Freihaltungsinteresse, wie man es im Markenrecht kennt, auch für Domain-Namen konstatiert - soweit es sich dabei um allgemein beschreibende Begriffe handelt. Der beklagten Partei wurde die Verwendung des Domain-Namens als wettbewerbswidrig untersagt, da er die betreffende Branche bezeichnete - was nach

---

[25] Vgl. LG Köln 17.12.1996 AZ 3 O 507/96 (pulheim.de), AZ 3 O 477/96 (kerpen.de) und AZ 3 O 478/96 (hürth.de) in König 1997a

[26] Vgl. OLG Stuttgart 3.2.1998 (steiff.com) NJ-Cor 1998, 494 in Festl-Wietek 1998

[27] Vgl. LG Lüneburg 29.1.1997 AZ 3 O 326/97 (celle.de) in König 1997a

Ansicht des Gerichts einen Monopolisierungseffekt bewirkt. Gegen dieses Urteil legten die Beklagten Revision ein. Ein BGH-Spruch wird als höchstrichterliches Urteil entscheidend für die weitere Rechtsprechung in vergleichbaren Fragen sein. Von ihm wird abhängen, ob ‚sprechenden Domains' überhaupt gestattet sind.[28] Übrig bleiben unaussprechliche Bezeichnungen nach § 23 MarkenG, die, wenn sie nicht schon vergeben sind, wegen zu geringem Differenzierungspotential oder schlechter Merkbarkeit uninteressant sind, und der eigene bürgerliche Name als Domain-Name, doch selbst hier gab es schon verlorene Fälle[29].

2.9 Einträge in Suchmaschinen

Mit Hilfe von Suchmaschinen versucht man die Angebote im Internet zu indexieren, um eine bequeme Möglichkeit nach Stichworten zu suchen anbieten zu können. Dabei entstehen die Einträge in Suchmaschinen durch selbständige Suche oder nach Anforderung durch den Autor der einzutragenden Seite. Nach Eingabe eines Suchbegriffes in eine Maske erhält man als Ergebnis eine Sammlung von Links zu Internetseiten auf denen dieser Begriff mindestens einmal gefunden wurde. Die Reihenfolge des Suchergebnisses wird unter anderem durch die Häufigkeit des gesuchten Begriffes bzw. sogenannte ‚Metatags', das sind nich dargestellte Dokumentenbeschreibungen einer Webseite, gesteuert.

Handelt es sich bei dem gesuchten Begriff um einen Marke und führt einer der Links zur Konkurrenz kann das Ärger für den Konkurrenten bedeuten, auch wenn er eigentlich nicht direkt für den Eintrag in der Suchmaschine verantwortlich ist. Dies wurde im sog. „Arwis-Urteil"[30] als Markenrechtsverletzung und unlauterer Wettbewerb angesehen. In diesem Fall war unklar, wie der Eintrag in der Suchmaschine zustande kam, da der Begriff weder in der Adresse noch im dahinter liegendem Text zu finden war. Technisch ließe sich dies durch sog. Metatags, Informationen im Quelltext, die nicht angezeigt werden und zur Indizierung in Suchmaschinen dienen, realisieren. Davon sei aber abgeraten, da dies ein Grund für eine Abmahnung darstellt. Erhält man Kenntnis, entweder durch eigene Recherche oder durch eine Abmahnung des Markenrechtsinhabers, so ist man verpflichtet diesen Link zu verhindern, in dem man zum Beispiel mit dem Suchmaschinenbetreiber Kontakt aufnimmt und ihn um Löschung des Verweises bittet.

Vertreibt der Konkurrent das Produkt mit dieser Marke so gilt §24 MarkenG, die ihm die Verwendung des Begriffes, solange kein sittenwidriges Handeln vorliegt, erlaubt.

---

[28] Vgl. Gerber 2000

[29] Vgl. OLG Hamm 13.1.1998 (krupp.de) NJWCoR 1998,175 in Festl–Wietek 1998

[30] Vgl. LG Mannheim 1.8.1997, 7 O 291/97 in Möcke 1998

Dies ist auch durch ein Gerichtsurteil bestätigt worden.[31] Allerdings werden nach Erlöschen dieser Ausnahme, z.B. Aufgabe des Vertriebs, auch die Links illegal und es gilt, wie oben, die Links müssen entfernt werden. König empfiehlt[32] dafür als technische Maßnahme nur die Marke auf den Seiten zu verwenden auf denen auch das Angebot ist und nach Erlöschen der Berechtigung die Marke zu nutzen diese Seiten komplett zu löschen, so daß evtl. noch vorhandene Einträge in Suchmaschinen ins Leere laufen würden und man so nicht Gefahr laufen kann eine Markenrechtsverletzung zu begehen.

2.10 Online-Vetrieb

Der Bereich E-Commerce erfreut sich in letzter Zeit an enormen Wachstumsraten. Die Zahl der Online-Bestellmöglichkeiten nimmt von Tag zu Tag zu. Bei diesem virtuellen Vetriebsweg gelten die gleichen Gesetze wie im realen Geschäftsleben. So gelten auch die Preisangabenverordnung, die Bestimmungen des AGB-Gesetzes und seit 30. Juni 2000 zusätzlich das Fernabsatzgesetz.

Richtet sich ein Angebot an Endkunden, so müssen die Preise immer alle Steuern enthalten. Angaben ohne Steuern sind nur dann zulässig, wenn es sich bei der Zielklientel um Vollkaufleute handelt[33].

Form und Inhalt von Allgemeinen Geschäftsbedingungen sind durch das AGB-Gesetz geregelt. Demnach müssen die AGBs, damit sie Bestandteil des Kaufvertrags werden, dem Käufer vollständig in verständlichen Sätzen auf einer Seite präsentiert werden. Hierzu genügt im Prinzip auf der Bestellseite der Hinweis „Es gelten unsere AGB" mit der Möglichkeit dies in der beschriebenen Form abzurufen[34]. Ist diese Bedingung nicht erfüllt, gelten ausschließlich die gesetzlichen Regelungen.

Nach dem Fernabsatzgesetz muß der Händler den Kunden vor Abschluß des Vertrages über folgende Punkte[35] aufklären:

-   seine Identität und Anschrift,
-   wesentliche Merkmale der Ware oder Dienstleistung sowie darüber, wann der Vertrag zu Stande kommt,
-   die Mindestlaufzeit des Vertrags, wenn dieser eine dauernde oder regelmäßig wiederkehrende Leistung zum Inhalt hat,
-   die Tatsache, daß er gegebenenfalls eine in Qualität und Preis gleichwertige Leistung erbringen will oder eventuell nicht liefern kann,

[31] **Urteil des Landgerichts Frankfurt am Main, Aktenzeichen 3-11 O 98/99,** http://www.landgericht.frankfurt-main.de/ZS_Urteil_lang(Markenverstoss_Internet).htm

[32] **Vgl. König 2000a**

[33] **Vgl. Preisangaben, Urteil des OLG Karlsruhe in: Kommunikation und Recht 11/98 in Kaufmann 1999b**

[34] **Vgl. Jaeger 1999**

- den Preis der Ware oder Dienstleistung einschließlich aller Steuern und sonstiger Preisbestandteile,
- Liefer- und Versandkosten,
- Einzelheiten hinsichtlich der Zahlung und der Lieferung oder Erfüllung,
- das Bestehen eines Widerrufs- oder Rückgaberechts,
- Kosten, die dem Verbraucher durch Nutzung der Fernkommunikationsmittel entstehen, sofern sie über die üblichen Grundtarife, mit denen er rechnen muss, hinausgehen,
- die Gültigkeitsdauer befristeter Angebote, insbesondere hinsichtlich des Preises,
- die Bedingungen, Einzelheiten der Ausübung und Rechtsfolgen des Widerrufs- oder Rückgaberechts,
- seine und die Anschrift der Niederlassung des Unternehmers, bei der der Verbraucher Beanstandungen vorbringen kann,
- Kundendienst und geltende Gewährleistungs- und Garantiebedingungen,
- die Kündigungsbedingungen bei Verträgen, die ein Dauerschuldverhältnis betreffen und für eine längere Zeit als ein Jahr oder für unbestimmte Zeit geschlossen werden.

Dieses Gesetzt erfüllt recht gut die Erwirkung von Transparenz bei Geschäften, die fernmündlich zustande kommen. Leider enthält es keinerlei Regelungen über Lieferzeiten.

2.11 Bestimmte Berufsgruppen

Wie schon in Abschnitt 2.3 erwähnt, gelten für bestimmte Berufsgruppen weitergehende Rechtsvorschriften.

So dürfen Rechtsanwälte eine Internet-Präsenz besitzen mit der einzigen Einschränkung, kein Gästebuch zu führen.[36] Die normalerweise in einem Gästebuch durchweg positiven Eindrücke können zu einer unlauteren Werbung nach § 43b Bundesrechtsanwaltverordnung (BRAO) führen. Eigenwerbung muß sich an diesem Paragraphen messen lassen.

Steuerberater unterliegen §§ 57 und 57a des Steuerberatungsgesetzes: „berufswidrige Werbung" ist zu unterbleiben. Die Auslegung ist hier nicht so streng wie bei den Rechtsanwälten.

---

[35] Vgl. Möcke 2000

[36] Vgl. Anwälte im Internet, Urteil des LG Nürnberg/Fürth in: Multimedia und Recht 8/98, S. 488 in Kaufmann 1999b

Zahnärzte dürfen Internetseiten nur mit Auflagen betreiben. [37] Die Gestaltung ist auf das nötigste zu beschränken. Empfehlung für Mundpflegeartikel, Gewinnspiele und kommerzielle Werbung sind verboten.

Die restlichen Ärzte dagegen dürfen ihre Seiten im Rahmen der für Kaufleute geltenden Gesetze unter Beachtung der Standesregeln betreiben.

Apotheker und die Pharmaindustrie sind durch die Regelungen des Heilmittelwerbegesetzes (HWG) und das Arzneimittelgesetz (AMG) in der Gestaltung ihrer Seiten eingeschränkt. Die Bewerbung von verschreibungspflichtigen Medikamenten gegenüber der Allgemeinheit verbietet § 10 Absatz 1 HWG. Für geschlossene Nutzergruppen (Apotheker, Ärzte) dürfen diese aber in einem paßwortgeschützten Internetangebot bereitgestellt werden. Frei veräußerliche Arzneimittel dagegen dürfen angeboten werden, wobei die Möglichkeiten der Produktbeschreibung durch §3 HWG stark reglementiert sind. Gewinnspiele sind durch §11 Nr. 13 HWG verboten. Hyperlinks sind problematisch, neben der in Abschnitt 2.4 erwähnten Fallstricke, greift hier §6 Nr. 1 HWG, nachdem die Erwähnung eines nicht zitierfähigen Gutachtens unzulässige Werbung ist. Ähnlich ist hier ein Chatbereich zu sehen. Online-Gesundheitsratgeber verstoßen gegen §11 Nr. 10 HWG. Auch die Beantwortung von E-Mailanfragen von Kranken ist problematisch, da die Beratung über die Behandlung auftretender Sympome auch gegen das HWG verstößt.

Generell ist bei den Restriktionen der Werbung bestimmter Berufsgruppen auf regionale Unterschiede zu achten. Daher ist es empfehlenswert, sich bei dem jeweiligen lokalen Dachverband (Kammer) über solche Vorschriften zu informieren. [38]

2.12 Redaktionelle Angebote

Wenn ein Angebot in den Bereich des MDStV fällt, so gelten zusätzliche Bestimmungen. Zu diesen Angeboten gehören regelmäßig (periodisch) redaktionelle Arbeiten, z.B. Online-Zeitungen.

Nach § 6 MDStV muß ein Verantwortlicher für den Inhalt genannt werden. Für Reklame muß man sich am Trennungsgebot von Werbung und redaktionellen Inhalten orientieren, Anzeigen sind eindeutig zu kennzeichnen und nur im Rahmen des Gesetzes zulässig. Die Haftung für Werbeinhalte ist analog zu den Telediensten (siehe 2.6) geregelt. Schleichwerbung ist verboten und die Vorschriften des Jugendschutzes müssen erfüllt werden, damit einhergehend ist auch das Verbot von pornographischen Inhalten.

---

[37] Vgl. **Zahnärzte im Internet, Urteil des OLG Koblenz in: Zeitschrift für Uehber- und Medienrecht 6/97, S. 483 in Kaufmann 1999b**

[38] Vgl. **Kaufmann 1999b**

Das Recht auf Gegendarstellung regelt § 10 MDStV, eine solche Regelung existiert nicht für Internetangebote, die dem Teledienst zugeordnet werden.[39]

2.13 Zusammenfassung

Um die Frage von Abschnitt 2.1 zu beantworten: Die Leitungsnetzbetreiber sind keine Anbieter und für die übertragenen Inhalte nicht verantwortlich. Für sie gilt nur das TKG. Die Zugangsvermittler und der Serverbetreiber werden von den Richtern und Staatsanwälten als Anbieter interpretiert und teilweise für vermittelte Inhalte verantwortlich gemacht (siehem Abschnitt 1.1). Hier herrscht eine ähnliche Rechtsunsicherheit wie bei den Links (siehe Abschnitt 2.4).

Um nicht sofort mit dem Gesetz in Konflikt zu geraten erscheint es für einen Provider sinnvoll, sich an dem Pflichtenheft von Ruhmann zu orientieren:[40]

- Beschäftigung eines Jugendschutzbeauftragten (Artikel 6, Nr. 5 IuKDG)
- Einhalten von Datenschutzvorschriften (TDDSG)
- Anbieterkennzeichnung erforderlich (§6 TDG und §6 MDStV)
- Sperrung rechtswidriger Inhalte bei Kenntnis und Zumutbarkeit (§5 TDG)
- Noch unklar: Links auf fremde Inhalte werden teilweise eigenen WWW-Angeboten gleichgestellt.
- Für eigene Inhalte:
    - Prüfen der Zulässigkeit (gewaltverherrlichend, pornographisch, jugendgefährdend, §8 MDStV)
    - Einhalten der Vorschriften zu Werbung, Inhalten, Gegendarstellung (§7 und §9 MDStV)
- Verpflichtung, Abhörmöglichkeiten für die Ermittlungsbehörden zu schaffen

Ein bißchen Rechtsunsicherheit bleibt bei den Anbietern, solange die Frage nach der Verantwortlichkeit nicht abschließend geklärt ist.

---

[39] Vgl. **König 1998a**

[40] Vgl. **Hooffacker 1998**

3 Datenschutzrechtliche Aspekte einer Internet Homepage

3.1 Umgang mit personenbezogenen Daten

Grundsätzlich ist es Verboten personenbezogene Daten zu erheben, zu verarbeiten und zu nutzen. Das BDSG begründet ein Verbot mit Erlaubnisvorbehalt.

Personenbezogene Daten dürfen nur verarbeitet oder genutzt werden, wenn es das BDSG oder eine andere Rechtsvorschrift erlaubt oder nur soweit der Betroffene eingewilligt hat.

Weiterhin hat die Datenerfassung nach dem Prinzip der Datensparsamkeit zu erfolgen. So schreibt der Gesetzgeber in § 3 Abs. 4 TDDSG bzw. § 12 Abs. 5 MdStV: „Die Gestaltung und Auswahl technischer Einrichtungen für Teledienste hat sich an dem Ziel auszurichten, keine oder so wenige personenbezogene Daten wie möglich zu erheben, zu verarbeiten und zu nutzen."

Ein weiterer Punkt, der zu beachten ist, ist der Zweckbindungsgrundsatz. Die personenbezogenen Daten dürfen nur für den Zweck vewendet werden, für den sie erhoben wurden.

Personenbezogene Daten im Sinne von Nutzungsdaten, die für die Inanspruchnahme von Telediensten bzw. Mediendiensten notwendig sind, hat der Anbieter laut § 6 Abs. 2 TDDSG bzw. § 15 Abs. 2 MDStV frühestmöglich, spätestens jedoch unmittelbar nach dem Ende der jeweiligen Nutzung, soweit sie nicht für Abrechnungszwecke benötigt werden, zu löschen.

Gerade im Umfeld von Online-Umfragen oder Anmeldungen zu Diensten bzw. Gewinnspielen, werden personenbezogene Daten, weit über die Erforderlichkeit hinaus, erhoben. Im, für den Datenschutz, schlimmsten Fall werden aus den so gewonnenen Daten Persönlichkeitsprofile erstellt, die sich dann gut verkaufen lassen. Hier sollte der Nutzer so sparsam wie möglich mit der Preisgabe seiner eigenen Angaben sein.

3.2 „Versteckte" Funktionalitäten

Eine Mehrheit der Anbieter von Internetdiensten setzen Cookies oder andere Lösungen ein, mit deren Hilfe unbemerkt zusätzliche Informationen über Gewohnheiten und Vorlieben von Internet-Benutzern gewonnen werden. Dieses weitere Erheben von Daten widerspricht dem Erforderlichkeitsprinzip, das im Datenschutz vorherrscht. Teilweise werden solche personenbezogenen Daten sogar als Dienstleistung im Auftrag erhoben. Legale Cookies dürfen in Anlehnung an das TDDSG keine personenbezogene Daten enthalten. Was schwierig sein dürfte, da mit einem gewissen Aufwand verbunden, die IP-Adresse, die in einem Cookie immer gespeichert wird, zu einem bestimmten Zeitpunkt zu einer bestimmbaren Person (Betroffener) über den Access-Provider aufgelöst werden kann.

Gegenüber dem Nutzer muss die Verarbeitung und Nutzung der Cookie-Daten transparent sein. Er muss über alles, was im Zusammenhang mit einem übersandten Cookie geschieht, automatisch unterrichtet werden und entsprechende Aktivitäten jederzeit unterbinden können. Das Senden von Cookie-Daten an einen anderen Webserver als denjenigen, der den betreffenden Cookie gesetzt hat, soll verhindert werden.

Wenn Cookies personenbezogene Daten darstellen, so ist ferner eine Einwilligung des Betroffenen einzuholen.[41] Näheres zur Einwilligung wird in Abschnitt 3.3 beschrieben.

3.3 Die Einwilligung

Ist das Erheben, Verarbeiten und Nutzen von personenbezogenen Daten nicht durch Gesetze oder Rechtsvorschriften erlaubt, so ist eine Einwilligung des Betroffenen notwendig. In §4 BDSG finden sich die entsprechenden Regelungen, so ist eine Einwilligung deutlich hervorzuheben und bedarf eigentlich der Schriftform. Das TDDSG bzw. der MDStV erweitern die Regelungen der Einwilligung im §3 Abs. 7 TDDSG bzw. § 12 Abs. 8 MDStV. So muß die Einwilligung durch eine eindeutige und bewußte Handlung des Nutzers erfolgen. Die Schriftform kann durch eine elektronische Einwilligung ersetzt werden, wenn der Diensteanbieter sicherstellt, daß die Einwilligung:

- eindeutig und bewußt
- nicht unerkennbar veränderbar
- ihr Urheber erkennbar
- protokolliert
- inhaltlich jederzeit vom Nutzer abrufbar

ist.

Die Authentizität und Integrität läßt sich durch entsprechende Signatur- bzw. Kryptographieverfahren herstellen (siehe Abschnitt 3.4).

---

[41] Vgl. Schulzki-Haddouti, 1999

3.4 SigG

Das Signaturgesetz beschreibt die technische Infrastruktur für elektronische Signaturen, nicht, wie oft behauptet, die Gleichstellung elektronischer Signaturen mit der handschriftlichen Unterschrift.

Eine digitale Signatur ist wie ein elektronisches Siegel, das mit Hilfe eines öffentlichen Schlüssels den Inhaber der Signatur authentifiziert und die Integrität, also die Unverfälschtheit, der Daten sicherstellt.

Zuständig für das Registrieren von Signaturen, sowie Erzeugen eines öffentlichen Schlüssels ist eine von den Behörden genehmigte Zertifizierungsstelle.

4 Schlußbetrachtung und Ausblick

4.1 Neue Technologien und rechtliche Konsequenzen

Die scheinbaren Lücken im Online-Recht, werden durch immer häufiger werdende Urteile der Gerichte an denen man sich orientieren kann allmählich geschlossen. So nennt Datenschützer Werner Moritz die neuen Gesetze 'Arbeitsbeschaffungsmaßnahmen für Rechtsanwälte'.[42]

Andere bezeichnen die bestehenden gesetzlichen Regelungen als Wettbewerbsnachteil für die deutsche Industrie und Behinderung für die Marktforschung und die Entwicklung kundenfreundlicher Anwendungen.

Besondere Klagen werden aus der Wirtschaft auch darüber laut, daß z. B. das IuKDG in betriebsweiten Intranets zur Anwendung kommt, wenn den Mitarbeitern die private Nutzung eingeräumt wird. In diesem Fall wird der Netzbetreiber selbst zum Anbieter von Telediensten im Sinne des TDG.

Bislang werden die Datenschutzregeln von den Anbietern weitgehend ignoriert. Sie brauchen ihre Datenschutzpraxis keiner Prüfung zu unterziehen und müssen selbst bei nachgewiesenen Datenschutzverstößen keine Sanktionen befürchten. Das soll nun anders werden durch die Einführung eines Datenschutzaudits. Auf Länderebene ist ein solches Gütesiegel für datenschutzfreundliche Angebote in Brandenburg bereits gesetzlich geregelt, in Schleswig-Holstein ist es im Gesetzentwurf vorgesehen. Nun will auch die Bundesregierung eine entsprechende Regelung in das Bundesdatenschutzgesetz (BDSG) aufnehmen. Davon sind dann auch Medien- und Telediensteanbieter betroffen. Für Unternehmen ist ein solcher Audit ein geeignetes Qualitäts- und Unterscheidungsmerkmal gegenüber der Konkurrenz. Für die Verbraucher, die auf Datenschutz Wert legen, stellt es ein hilfreiches Entscheidungskriterium dar. Es könnte aber auch den Zugang zu öffentlichen Fördermitteln erleichtern oder zu einer Bevorzugung bei öffentlichen Aufträgen führen.

Dennoch setzt die Bundesregierung nicht mehr bloß auf freiwillige Selbstkontrolle. Das neue BDSG wird den Aufsichtsbehörden zudem anlassunabhängige Kontrollen ermöglichen. Damit diese auch zum erwünschten Erfolg führen, wird das BDSG einen Bußgeldkatalog enthalten.[43]

---

[42] Vgl. Hooffacker, 1998

[43] Vgl. Schulzki-Haddouti, 1999

4.2 Vereinheitlichung der Rechtsnormen durch die EU

Durch das Fehlen nationaler Grenzen in dem weltumspannenden Internet ist eine Angleichung der Gesetze weltweit anzustreben. Ein bedeutender Schritt dorthin ist die Vereinheitlichung der Gesetzgebung in der EG. Leider sind solche Anpassungen schwerfällig, da die Regelungen erst in nationales Recht umzusetzten sind. So ist für Deutschland seit 1997 die Frist ausgelaufen, die EG-Datenschutzrichtlinie 95/46 in nationales Recht umzusetzen.

Einzig positive Konsequenz ist, daß dadurch jetzt schon das BDSG, so wie auch alle anderen Gesetze, für die es EG-Regelungen gibt, EG-konform auszulegen ist.

4.3 Fazit

Diese Ausarbeitung soll dazu beitragen, daß das Internet nicht mehr als rechtsfreier Raum angesehen wird. Durch das Beachten jetzt schon bestehender Gesetze, wird sich das Angebot im Internet, vor allem bezüglich der Transparenz, positiv verändern müssen.

Weiterhin müssen sich die Diensteanbieter darum bemühen, Klarheit in ihren Angeboten zu schaffen, wer für welche Inhalte verantwortlich ist. Das bringt dem Internet-Benutzer einen zusätzlichen Nutzen des Internets, da er viel schneller eine Klärung herbeiführen kann.

Auch das Vertrauen an die Echtheit bzw. Authentizität des Angebots wird durch Einhalten der entsprechenden Gesetze gesteigert.

So gesehen sind die Regelwerke keine Behinderung der freien Wirtschaft, sondern steigern in letzter Konsequenz den Benutzerkomfort.

Literatur

Bizer 1998: Web-Cookies - datenschutzrechtlich / Dr. Johann Bizer in Datenschutz und Datensicherheit 22 S. 277-281/ 1998 /

Brenken, Hüskes 1998: Virtueller Auftritt – Der Weg zur eigenen Internetpräsenz / Dirk Brenken und Ralf Hüskes in c't Magazin für Computertechnik 23/1998 S. 132ff / Hannover / Verlag Heinz Heise GmbH & Co KG

Engel-Flechsig / Maennel / Tettenborn o.D. : Neue gesetzliche Rahmenbedingungen für Multimedia – Die Regelungen des IuKDG und des MDStV / Stefan Engel-Flechsig, Frithjof A. Maennel, Dr. Alexander Tettenborn in Sonderveröffentlichung des Betriebsberaters / Heidelberg / Verlag Recht und Wirtschaft GmbH

Festl-Wieteck 1999: Gewagter Einstieg - Die Wahl eines Domain-Namens birgt schwer kalkulierbare rechtliche Risiken / Dr. Wolfgang Festl-Wietek in c't Magazin für Computertechnik 12/1999 S. 192ff / Hannover / Verlag Heinz Heise GmbH & Co KG

Gerber 1999: Freispruch erster Klasse ? – Zweiter Akt und Ende im Münchner CompuServe-Prozess / Tim Gerber in c't Magazin für Computertechnik 25/1999 S. 16ff / Hannover / Verlag Heinz Heise GmbH & Co KG

Gerber 2000: ‚Sprechende Domains' vor dem BGH – Zweiter Akt und Ende im Münchner CompuServe-Prozess / Tim Gerber in c't Magazin für Computertechnik 12/2000 S. 51ff / Hannover / Verlag Heinz Heise GmbH & Co KG

Heinson / Möcke 1996: Ein Krampf – Extremismus im Internet und Zensurversuche / Dr. M. Michael König, Frank Möcke in c't Magazin für Computertechnik 10/1997 S. 284ff / Hannover / Verlag Heinz Heise GmbH & Co KG

Hilgefort 1999: Gefährliche Rache - `Selbstjustiz´ im Internet kann ins Auge gehen / Ulrich Hilgefort in c't Magazin für Computertechnik 13/1999 S. 18 / Hannover / Verlag Heinz Heise GmbH & Co KG

Hooffacker 1998: Flickwerk – Die Online-Gesetze in der Rechtspraxis / Gabriele Hooffacker in c't Magazin für Computertechnik 16/1998 S. 150ff / Hannover / Verlag Heinz Heise GmbH & Co KG

Jaeger 1998: Tatort Internet -Versucht der Generalbundesanwalt, Diensteanbieter über Gebühr in die Pflicht zu nehmen? / Stefan Jaeger in c't Magazin für Computertechnik 10/1998 S. 204ff / Hannover / Verlag Heinz Heise GmbH & Co KG

Jaeger 1999: Kleingedrucktes – Über den Umgang der Internetdiensteanbieter mit Vertragsklauseln / Stefan Jaeger in c't Magazin für Computertechnik 19/1999 S. 262ff / Hannover / Verlag Heinz Heise GmbH & Co KG

Kaufmann 1998: Fehlerhafte Rechtsanwendung – Mangelndes Verständnis für Online-Medien führt zu unhaltbaren Richtersprüchen / Noogie C. Kaufmann in c't Magazin für Computertechnik 18/1998 S. 166ff / Hannover / Verlag Heinz Heise GmbH & Co KG

Kaufmann 1999a: Link-Haftung bleibt Grauzone - Gerichte drücken sich um Klarstellung / Noogie C. Kaufmann in c't Magazin für Computertechnik 15/1999 S. 134ff / Hannover / Verlag Heinz Heise GmbH & Co KG

Kaufmann 1999b: Neue gefährliche Werbewelt - Rechtsrisiken bei Internet-Reklame / Noogie C. Kaufmann in c't Magazin für Computertechnik 7/1999 S. 94ff / Hannover / Verlag Heinz Heise GmbH & Co KG

Kossel 1998: Providerflucht nach Somm-Urteil / Axel Kossel in c't Magazin für Computertechnik 15/1998 S. 26 / Hannover / Verlag Heinz Heise GmbH & Co KG

König 1990: Original und Nachahmung / Dr. M. Michael König in c't Magazin für Computertechnik 1/1990 S. 52ff / Hannover / Verlag Heinz Heise GmbH & Co KG

König 1997a: Namenskonflikte - Streit um Domain-Bezeichnungen / Dr. M. Michael König in c't Magazin für Computertechnik 9/1997 S. 274ff / Hannover / Verlag Heinz Heise GmbH & Co KG

König 1997b: Verblüffend ähnlich - Über das Kopieren aus Homepages / Dr. M. Michael König in c't Magazin für Computertechnik 14/1997 S. 176ff / Hannover / Verlag Heinz Heise GmbH & Co KG

König 1998a: Wahrheitsfindung - Gegendarstellungen im Internet / Dr. M. Michael König in c't Magazin für Computertechnik 20/1998 S. 180ff / Hannover / Verlag Heinz Heise GmbH & Co KG

König 2000a: Abhilfe gefordert – Suchmaschinen-Link als wettbewerbsrechtliche Störung / Dr. M. Michael König in c't Magazin für Computertechnik 07/2000 S. 214ff / Hannover / Verlag Heinz Heise GmbH & Co KG

König 2000b: Aus zwei mach eins – Haftung für Inhalte in Frame-Links / Dr. M. Michael König in c't Magazin für Computertechnik 13/2000 S. 248ff / Hannover / Verlag Heinz Heise GmbH & Co KG

König / Möcke 1997: Schrotthaufen! - Schmähkritik im Internet / Dr. M. Michael König, Frank Möcke in c't Magazin für Computertechnik 10/1997 S. 284ff / Hannover / Verlag Heinz Heise GmbH & Co KG

Möcke 1998: Wer sucht, der findet - Altavista-Link als Wettbewerbsverstoß / Frank Möcke in c't Magazin für Computertechnik 1/1998 S. 26ff / Hannover / Verlag Heinz Heise GmbH & Co KG

Möcke 2000: Shopping ohne Risiko - Gesetz räumt Rückgaberecht beim E-Commerce und Versandhandel ein / Frank Möcke in c't Magazin für Computertechnik 9/2000 S. 34ff / Hannover / Verlag Heinz Heise GmbH & Co KG

Schulzki-Haddouti / Kossel 1998: Mit einem Bein im Gefängnis – Pornos aus dem Internet: Provider als Mittäter verurteilt / Christiane Schulzki-Haddouti, Axel Kossel in c't Magazin für Computertechnik 12/1998 S. 16 / Hannover / Verlag Heinz Heise GmbH & Co KG

Schulzki-Haddouti 1999: Gemäßigtes Krötenschlucken - Gesetzesauswertung stellt Weichen für Online-Recht / Christiane Schulzki-Haddouti in c't Magazin für Computertechnik 18/1999 S. 80 / Hannover / Verlag Heinz Heise GmbH & Co KG

Strömer 1998: Netzbeschmutzung - Pornographische Inhalte vor dem Gesetz / Tobias H. Strömer in c't Magazin für Computertechnik 8/1998 S. 202ff / Hannover / Verlag Heinz Heise GmbH & Co KG

Wuermeling 1996: Ordnungshüter im Netz- Anbieter suchen nach Alternativen zum starken Staat / Ulrich Wuermeling LL. M. in c't Magazin für Computertechnik 9/1996 S. 122ff / Hannover / Verlag Heinz Heise GmbH & Co KG

Gesetzestexte

AMG | Gesetz über den Verkehr mit Arzneimitteln vom 20. Juli 2000 (Arzneimittelgesetz)

BDSG | Bundesdatenschutzgesetz vom 20. Dezember 1990

BGB | Bürgerliches Gesetzbuch vom 18. August 1896

EG-DSR | Richtline 95/46/EG des Europäischen Parlaments und des Rates vom 24. Oktober 1995 zum Schutz natürlicher Personen bei der Verabeitung personenbezogener Daten und zum freien Datenverkehr (EG-Datenschutz-Richtlinie)

FAG | Fernabsatzgesetz vom 30. Juni 2000.

GjS | Gesetz über die Verbreitung jugendgefährdender Schriften und Medieninhalte vom 12. Juli 1985

HWG | Gesetz über die Werbung auf dem Gebiete des Heilwesens vom 11. Juli 1965 (Heilmittelwerbegesetz)

IuKDG | Gesetz zur Regelung der Rahmenbedingungen für Informations- und Kommunikationsdienste vom 13. Juni 1997 (Informations- und Kommunikationsdienste-Gesetz)

MarkenG | Gesetz über den Schutz von Marken und sonstigen Kennzeichen vom 25. Oktober 1994 (Markengesetz)

MDStV | Staatsvertrag über Mediendienste vom 1. August 1997 (Mediendienste-Staatsvertrag)

SigG | Gesetz zur digitales Signatur vom 22. Juli 1997 (Signaturgesetz)

StGB | Strafgesetzbuch vom 13. November 1998

TDG | Gesetz über die Nutzung von Telediensten vom 22. Juli 1997 (Teledienstegesetz)

TDDSG   Gesetz über den Datenschutz bei Telediensten vom 22. Juli 1997
           (Teledienstedatenschutzgesetz)

TKG   Telekommunikationsgesetz vom 25. Juli 1996

UrhG   Gesetz   über   Urheberrecht   und   verwandte   Schutzrechte   vom
           09. September 1965 (Urheberrechtsgesetz)

UWG   Gesetz gegen den unlauteren Wettbewerb vom 07. Juni 1909